SCRIPTORIUM CAROLINUM Band 1

Anke Naujokat (Hg.)
mit Texten von Lydia Konnegen und Frank Pohle

Dom zu Aachen

Architektur und Geschichte

Geymüller | Verlag für Architektur

Dom zu Aachen

Die Hohe Domkirche zu Aachen – seit mehr als 1200 Jahren Ziel tausender Gläubiger und Pilger aus ganz Europa – heißt Sie herzlich willkommen.

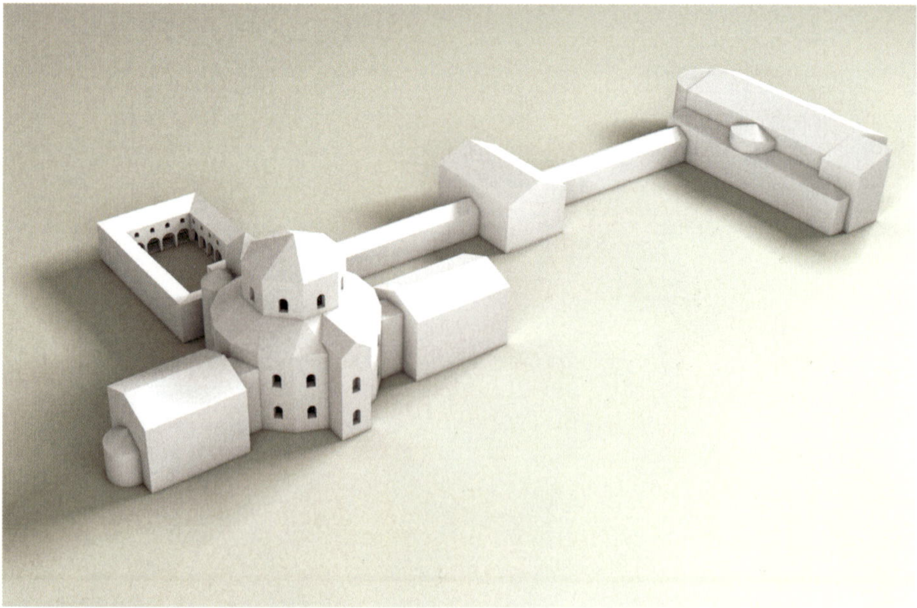

Der ehemalige Pfalzbezirk

Mit dem Rathaus und der Domkirche strukturieren zwei historische Bauten den Aachener Stadtkern, die in ihrer Ausrichtung und Anlage auffällig aufeinander Bezug nehmen. Beide Bauwerke gehen in ihrem Kern zurück auf die Jahrzehnte um 800 – eine Zeit, in der Karl der Große in Aachen eine Pfalzanlage als repräsentativen Herrschersitz errichten ließ.

1, 2 Bis heute prägen die Domkirche und das historische Rathaus zu beiden Seiten des Katschhofes das Zentrum der Stadt Aachen.

Karolingische Marienkirche

800 A.D.

Aachen als karolingische Residenz

Zunächst deutete wenig daraufhin, dass Karl der Große Aachen zu seiner bedeutendsten Residenz erheben sollte. Der 747 oder 748 geborene Karl befasste sich in den ersten Jahrzehnten seiner Herrschaft mit der Sicherung und Expansion seines Reiches, das in den Zeiten seiner größten Ausdehnung von Spanien bis Sachsen und von Dänemark bis Mittelitalien reichte. Höhepunkt des machtpolitischen Strebens war die Kaiserkrönung durch Papst Leo III. in Rom im Jahr 800.

In Aachen – oder besser gesagt *aquis palatium*, wie es im 8. Jahrhundert hieß – bestand ein Königshof, wie sie zahlreich über das ganze Karolingerreich existierten. Er besaß eine Kirche und war umgeben von den Resten einer römischen Kleinstadt, die sich rund um einen natürlichen Schatz herausgebildet hatte: Aachens Thermalquellen. Wohl seit seinem ersten Besuch 768 schätzte auch Karl das Bad im warmen Wasser.

3 Die Karlsbüste im Aachener Domschatz zeigt Karl den Großen mit idealisierten Zügen als deutsch-römischen (Adler auf der Schulterpartie) und französischen (Lilien auf dem Sockel) Herrscher. Sie wurde 1349 von Kaiser Karl IV. gestiftet und ist wohl das bekannteste ›Porträt‹ des Kaisers.

4 (folgende Doppelseite)
Unter Karl dem Großen erhielt das Frankenreich seine größte territoriale Ausdehnung. Das Herrschaftsgebiet umfasste weite Teile des heutigen Deutschlands, Frankreichs und Italiens, sowie große Gebiete auf der Iberischen Halbinsel.

Nordse
Angelsachsen
Austrasie
Bretagne
Neustrien
Burgund
Aquitanien
Roncesvalles
Emirat von
Córdoba
Mittelmeer

Sachsen
Aachen
Böhmen
Slawen
Alamannien
Bayern
Awaren
Lombardei
Byzantinisches
Reich
Kirchenstaat
Rom
Herzogtum
Benevent

Die Aula Regia

Im letzten Drittel des 8. Jahrhunderts begann der Ausbau der Aachener Pfalzanlage zum repräsentativsten Herrschersitz nördlich der Alpen. Zu den Kernbauten der Pfalz zählte die an der höchsten Stelle errichtete Aula Regia (Königshalle).

Die fast 50 m lange und 20 m hohe Halle war der Ort der weltlichen Amtsausübung Karls des Großen. Sie folgt der Tradition der antiken Kaiserbasiliken, wie der Konstantinsbasilika in Trier.

5, 6 Hypothetische Rekonstruktion des Innenraums der ebenfalls karolingischen Ingelheimer Aula Regia (links) im Vergleich zur römischen Konstantinbasilika in Trier (rechts).

7 Die Rekonstruktion der Aula Regia in der Aachener Pfalzanlage.

Die Stiftskirche

Als zweiter Monumentalbau entstand südlich der Königshalle eine Stiftskirche, deren erhaltene Bausubstanz den Kern des heutigen Aachener Doms bildet. Dem Haupteingang der Kirche im Westen vorgelagert war das karolingerzeitliche Atrium, ein von Säulen eingerahmter Platz. Er diente der inneren Vorbereitung auf den Besuch des Gottesdienstes und gab dem festlichen Einzug in die Kirche einen besonderen Rahmen. An deren Süd- und Nordseite schlossen zwei größere Baukörper an, deren Funktionen nicht gesichert sind.

8 Aula und Kirche nehmen in ihrer parallelen Ost-West-Ausrichtung deutlich aufeinander Bezug.

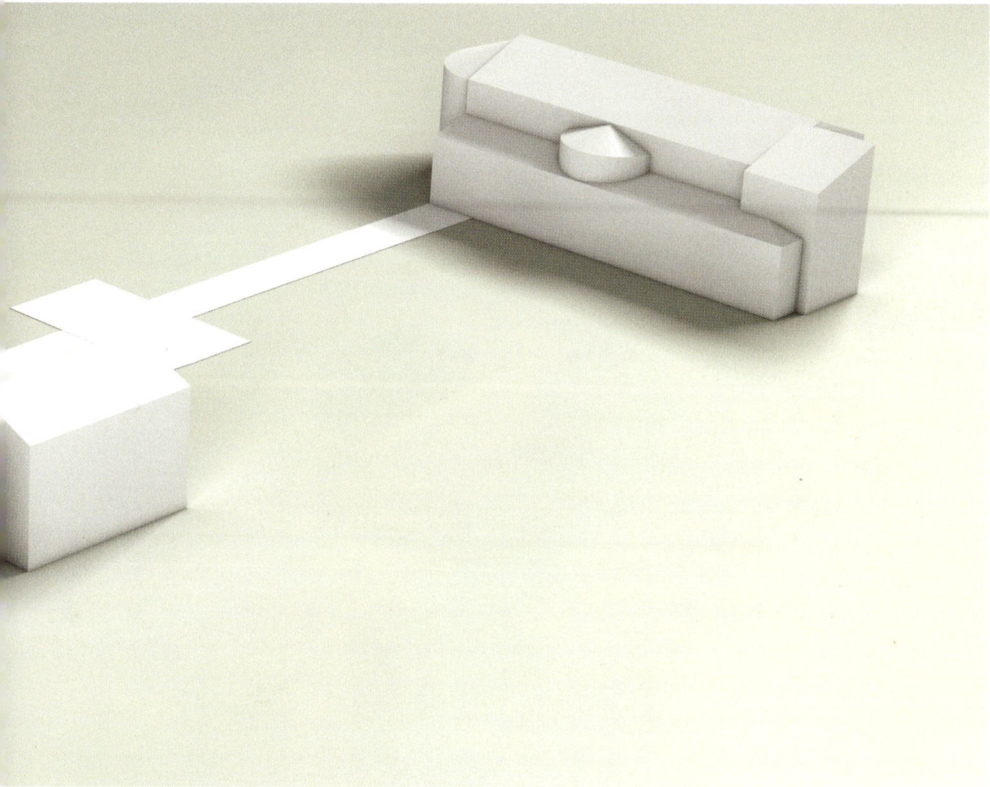

Der Verbindungsgang

Ein doppelgeschossiger Gang, die sogenannte Portikus, verband die Königshalle mit der Stiftskirche und unterstreicht den räumlichen Bezug beider Bauten zueinander. Etwa in der Mitte des Gangs befand sich ein großer Baukörper aus den späteren Jahrzehnten des 9. Jahrhunderts, dessen ursprüngliche Nutzung heute nicht mehr bekannt ist und dessen Rekonstruktion im aufgehenden Mauerwerk vage bleibt.

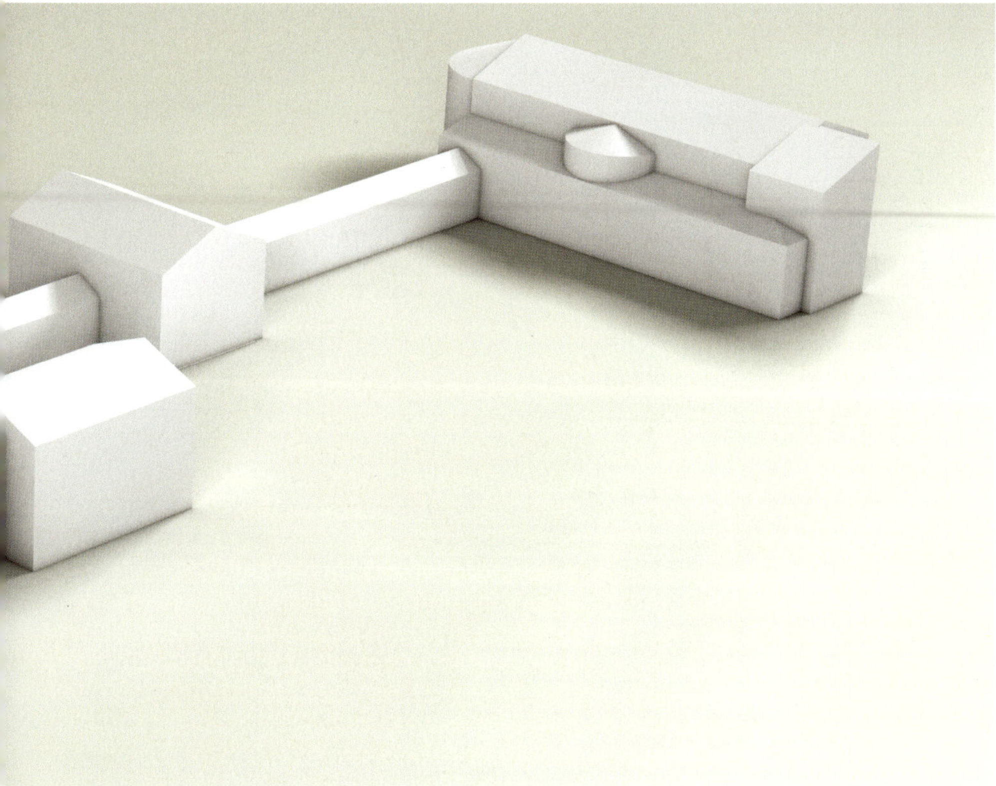

9 Die Portikus bildete einen räumlichen Abschluss der Kernpfalz gegen Westen und ermöglichte an ihrem südlichen Ende den Zugang zum Obergeschoss der Stiftskirche.

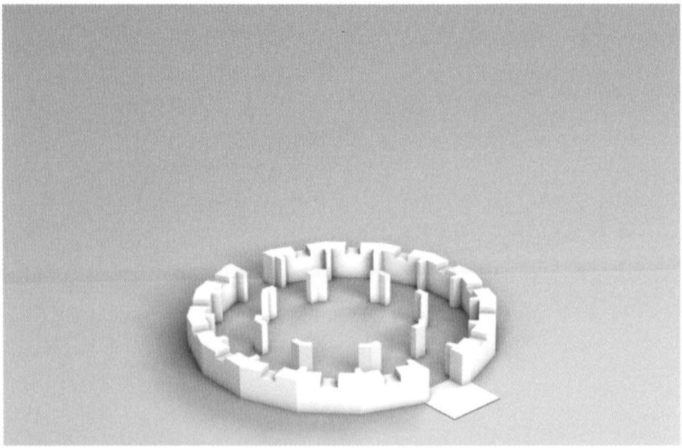

10 Den Kernbau der Kirche bildet ein durch acht massive Pfeiler angedeutetes Oktogon, das von einem sechzehneckigen Umgang eingefasst wird.

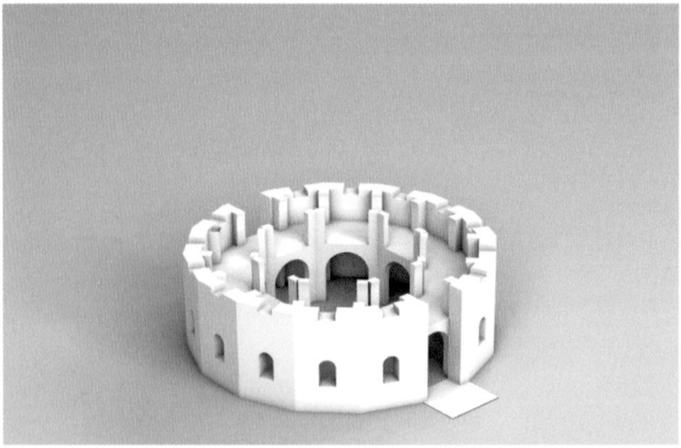

11 Im aufgehenden Mauerwerk wird das Sechzehneck zweigeschossig ausgeführt und bildet im oberen Geschoss das Hochmünster der Kirche.

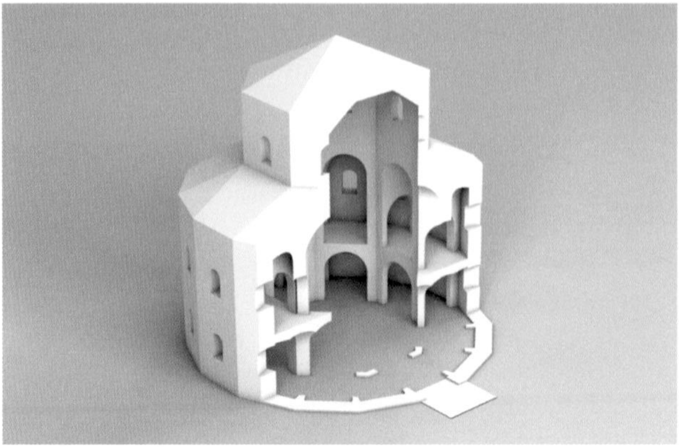

12 Das zentrale Oktogon überragt die angrenzenden Baukörper deutlich und erhält zum Abschluss ein achtteiliges Klostergewölbe.

Die Architektur der Aachener Stiftskirche

Bereits die Zeitgenossen lobten die Aachener Stiftskirche Karls des Großen als Wunderwerk der Architektur.

Den Kern des Bauwerks bildet das hochaufstrebende, eingewölbte Oktogon, das von einem zweigeschossigen Umgang, dem Sechzehneck, eingefasst wird. Als östlicher Abschluss bestand ein kleiner rechteckiger Chorraum, der ebenfalls zweigeschossig war. Im Westen schloss der heute noch erhaltene Vorbau mit Vorhalle im Erdgeschoss und sogenannter Kaiserloge im Hochmünster an. Zwei symmetrisch angelegte Treppenhäuser schlossen an der Nord- und Südseite des Vorbaus an und ermöglichten den Zugang zum Hochmünster sowie zu den weiteren anschließenden Geschossen.

Insbesondere der Kernbau um Oktogon und Sechzehneck besitzt eine architektonische Komplexität, die für die Zeit Karls des Großen einzigartig ist und deren Wirkung bis heute eine deutliche Faszination ausübt. In ihren Dimensionen ist die Aachener Stiftskirche gleichfalls einzigartig. Hier in Aachen entstand der erste große Zentralbau seit der späten Antike und der höchste Kirchenraum seiner Zeit.

Symbolik und Vorbilder

Die im Oktogon vorgegebene Zahl Acht bildet den wichtigsten Grundpfeiler für die theologische Deutung der Marienkirche, denn die Acht symbolisiert die Vollendung des Gotteswerkes am achten Tag.
Mit dieser außergewöhnlichen Raumkonzeption zeigt die Aachener Stiftskirche Anklänge an spätantike, byzantinische Vorbilder wie die Kirche der Heiligen Sergios & Bacchos in Konstantinopel / Istanbul (um 536 n. Chr.) und San Vitale (um 547 n. Chr.) in Ravenna.

13 Insbesondere bei den Säulenstellungen im Hochmünster zeigen sich Anlehnungen an spätantike Kirchenbauten.

14 Die Aachener Stiftskirche nimmt deutlich Bezug auf die Sergios & Bacchos-Kapelle in Istanbul.

15 Die Kirche San Vitale in Ravenna zählt gleichfalls zu den Kirchenbauten, die die Gestaltung der Aachener Marienkirche inspiriert haben.

Die Säulen

Kostbar und bedeutend ist auch die Ausstattung der Marienkirche in der Zeit Karls des Großen. Bereits 786 ermächtigte Papst Hadrian Karl, Marmor für die Marienkirche aus Italien in sein Reich nördlich der Alpen zu holen. So gelten die Säulen im Hochmünster als antike Säulen, die Karl aus Rom und Ravenna nach Aachen versetzen ließ.

Auffällig ist die doppelgeschossige Aufstellung der Säulen im Hochmünster, die dem Betrachter an dieser Stelle eine Zweigeschossigkeit des Raumes suggeriert. Gleichzeitig stellt diese Form der Installation einen Bezug zu den Vorbildern Sergios & Bacchos und San Vitale her, bei denen jeweils im unteren und oberen Geschoss ein Säulenpaar in den Arkaden Aufstellung fand.

In der Übernahme der Säulen aus antiken Bauten stellt sich Karl der Große in die Nachfolge antiker Herrscher, die monumentale Steinsäulen als bedeutende Würdezeichen einsetzten.

16 Zu den kostbaren Ausstattungsstücken der Stiftskirche gehören die Marmorsäulen im Hochmünster.

ABILI FUNDAMINE TEMPLUM QUOD CAROLUS PRINCE
S CONDIDIT ESSE VELIT + CUM LAPIDES VIVI PACIS CON

ES VIVI PACIS COMPAGE
QUE PARES NUMEROS OMNIA CONVENI
OPUS DOMINI TOTAM QUI C

Die Bronzeportale

In Aachen entstanden bedeutende Kunstwerke zur Ausstattung der Kirche. Hierzu zählen fünf Bronzeportale an den Zugängen zum Kirchenbau, von denen noch vier erhalten sind. Beeindruckend sind die beiden monumentalen Bronzeflügel, die heute das Hauptportal des Domes verschließen. In ihrer schlichten Aufteilung in Kassettenfelder und in den Dekorationsformen der Zierleisten zeigen sie deutliche Anklänge an antike Vorbilder.
Die beiden Flügel des Bronzeportals zählen zu den besterhaltenen Objekten der karolingischen Monumentalplastik.

Die Bronzegitter

Zu den beeindruckenden Ausstattungsstücken der Aachener Stiftskirche zählen darüber hinaus die acht Bronzegitter, die das Hochmünster gegenüber dem zentralen Oktogon abschließen. In ihrer Konzeption und Ornamentik sind Bezüge auf antike, frühmittelalterliche und karolingische Kunstformen erkennbar.

Die Ausstattung und Dekoration

Zur ursprünglichen Dekoration des Kircheninnern ist über die antiken Säulen und die Bronzearbeiten hinaus nur wenig bekannt. Lediglich im Hochmünster haben sich an einzelnen Stellen Reste des ehemaligen Schmuckfußbodens erhalten. Eine aufwändige, den gesamten Raum umfassende Dekoration mit Marmorverkleidungen und Mosaikarbeiten darf für die Zeit Karls des Großen nicht angenommen werden, doch gab es wohl vereinzelt gemalte Heiligenbilder.

Für die Ausschmückung des zentralen Klostergewölbes wird eine erste Dekoration mit einer Malerei angenommen. Das überlieferte Motiv zeigt Christus als Weltenherrscher in Begleitung der 24 Ältesten, die ehrfurchtsvoll ihre Kronen dem Allerhöchsten darbringen. Wohl noch in der Karolingerzeit wurde es durch ein Mosaik gleichen Inhalts ersetzt. Alte Zeichnungen waren die Grundlage für die Neuschöpfung des Mosaiks im letzten Drittel des 19. Jahrhunderts.

20 Die heutige, üppige Dekoration des Aachener Doms zeigt lediglich in der Motivwahl des Kuppelmosaiks einen Bezug zur ursprünglichen Ausstattung aus der Zeit Karls des Großen.

Reliquien zur Zeit Karls des Großen

Zur Ausstattung der Marienkirche zählen nicht zuletzt kostbare Reliquien, die Karl in Jerusalem, Byzanz und Rom erbeten hatte. Sie werden bis heute im Aachener Dom verwahrt, denn es ist nicht unwahrscheinlich, dass die vier großen Heiligtümer im Marienschrein (siehe Seite 44 / 45) seit den Tagen Karls des Großen zum Stiftsschatz gehören.

21 Das Dachrelief des Karlsschreins (1215) zeigt die Reliquienschenkungen des byzantinischen Kaisers Konstantin V. an Karl den Großen.

Die Grablege Karls des Großen

Seinen Lebensabend verbrachte Karl der Große weitestgehend in seiner Aachener Pfalz, die sich nach 800 zur bevorzugten Residenz des Kaisers entwickelte. Als er hier am 28. Januar 814 verstarb, wurde er noch an seinem Todestag in einem kostbaren antiken Sarkophag in der von ihm gestifteten Marienkirche bestattet. Seine Gebeine werden bis heute im Aachener Dom bewahrt.

22 Der antike Proserpina-sarkophag gilt als Bestandteil der ersten Grablege Karls in der Aachener Marienkirche und befindet sich heute in der Domschatzkammer.

Krönungskirche der deutschen Könige

936 A.D.

Beginn der Königskrönungen in Aachen

Nach dem Tode Karls des Großen verlor Aachen als Pfalzort bald an Bedeutung. Die karolingische Dynastie ging unter, Bürgerkriege und die Normannen aus dem Norden verheerten das Reich. Doch die Grablege Karls des Großen und der Thron hielten die Erinnerung an ihn wach, bis eine neue Dynastie Aachen zum Krönungsort machte: Otto I. knüpfte an den Mythos Karls als ersten weströmischen Kaiser des Mittelalters an, als er sich 936 in Aachen zum deutsch-römischen König krönen ließ.

23 Die mit zahlreichen Spolien (= wiederverwendeten antiken Bauteilen) gestaltete Thronanlage fand im Westen des Hochmünsters Aufstellung.

Liste der in Aachen gekrönten Könige

936 Otto I.
961 Otto II.
983 Otto III.
1028 Heinrich III.
1054 Heinrich IV.
1087 Konrad (III.)
1099 Heinrich V.
1125 Lothar III.
1138 Konrad III.
1147 Heinrich-Berengar
1152 Friedrich I. (Barbarossa)
1169 Heinrich VI.
1198 Otto IV.
1205 Philipp von Schwaben
1215 Friedrich II.
1222 Heinrich
1248 Wilhelm von Holland
1257 Richard von Cornwall
1273 Rudolf I.
1292 Adolf von Nassau
1298 Albrecht I.
1309 Heinrich VII.
1314 Ludwig IV.
1349 Karl IV.
1376 Wenzel
1407 Ruprecht
1414 Sigismund
1442 Friedrich III.
1486 Maximilian I.
1520 Karl V.
1531 Ferdinand I.

24 Die Kurfürsten des Reiches wählten den König und hatten aktiv Anteil am Krönungszeremoniell. [Ausschnitt aus Christoph Silbereisen: *Chronicon Helvetiæ* 1576, Teil I, S. 117]

Aachen als Krönungsort

Rund 600 Jahre währte die Aachener Krönungstradition. 31 Könige und 12 Königinnen wurden hier gekrönt, darunter Otto III., Friedrich I. Barbarossa und Karl V.

Mit Ferdinand I. bestieg 1531 letztmalig ein König den Aachener Thron – seine Nachfolger ließen sich von nun an am Ort der Königswahl, in Frankfurt am Main, krönen. Zwar war Aachen das Recht verbrieft, auch weiterhin einzig legitimer Krönungsort zu sein, doch fanden hier bis zum Ende des Reiches 1806 keine Krönungen mehr statt.

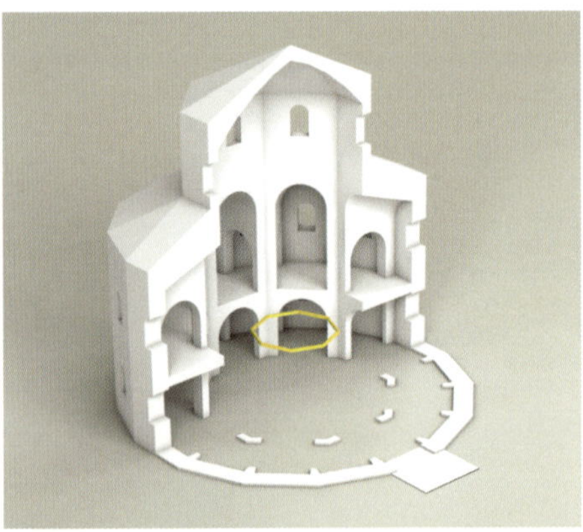

Symbolik des Krönungsortes

Durch die Krönung, vor allem aber durch das Platznehmen auf dem Thron im Westen der Kirche, ergriffen die Könige von ihrem Reiche Besitz und untermauerten ihren Anspruch auf die Nachfolge Karls des Großen. Ihr nächstes Ziel im Anschluss an die Aachener Krönung lag in der Kaiserwürde, die ihnen aber nur der Papst in Rom verleihen konnte.

Zeitweilig war das Aachener Marienstift eng mit den Ereignissen der Reichspolitik verbunden. So auch unter dem Staufer Friedrich Barbarossa, der der Kirche einen großen Radleuchter schenkte. Als Abbild des Himmlischen Jerusalems aus der Offenbarung des Johannes konzipiert, greift er in seinen Formen die Architekturidee der Marienkirche als oktogonalen Zentralbau auf.

In Anwesenheit von Friedrich Barbarossa fand an Weihnachten 1165 die Heiligsprechung Karls des Großen statt, dessen Gebeine 50 Jahre später in den Karlsschrein überführt wurden, wo sie bis heute ruhen. Mit der Heiligsprechung Karls als Bekenner des Glaubens besaß das Reich einen spirituellen Mittelpunkt. Karl war Reichsheiliger, Stadtpatron Aachens und Konpatron von Bistum und Domkirche.

25 Mit seiner Stellung im Westjoch des Hochmünsters ist der Karlsthron auf den Salvatoraltar, der ehemals im Osten des Hochmünsters stand, bezogen.

26 Das Zentrum des Oktogons krönt der um 1165 entstandene Barbarossaleuchter, der in seiner Formgebung und Dimension Bezug auf die Architektur des Aachener Oktogons nimmt.

27 Der 1215 fertiggestellte Karlsschrein fand zunächst im karolingischen Kirchenbau Aufstellung, bevor er zu einem späteren Zeitpunkt in die 1414 geweihte Chorhalle versetzt wurde.

Ausstattung der Krönungskirche

Zahlreiche kostbare Schenkungen aus den Händen der Herrscher unterstreichen die hohe Verehrung für die Krönungskirche und ihren Gründer Karl den Großen. Sie haben sich als Ausstattungsstücke im Dom erhalten oder werden heute in der Domschatzkammer verwahrt. Nicht zuletzt sie machen aus dem Aachener Domschatz den bedeutendsten seiner Art nördlich der Alpen.

28 Mit der Pala d'Oro (Altarvorderseite) und dem Heinrichsambo (Evangelienkanzel) entstanden in der Zeit der Ottonen zwei bedeutetende Ausstattungstücke der Aachener Stiftskirche.

Wallfahrtskirche

1349 A.D.

29 Die Zeigung der vier in der Bibel erwähnten und Maria, Jesus und Johannes dem Täufer zugeschriebenen Textilien machte Aachen zu einem der bedeutendsten Wallfahrtsorte nördlich der Alpen. [Gerhard Altzenbach: Weisung der Heiligtümer, 1615]

Die Reliquien der Aachener Stiftskirche

Die Aachener Marienkirche besaß im Mittelalter nicht nur für die weltlichen Herrscher eine herausragende Bedeutung. Seit dem 14. Jahrhundert entwickelte sich Aachen zu einem der wichtigsten Wallfahrtsorte Europas. Hunderttausende machten sich alle sieben Jahre auf zur Heiligtumsfahrt. Ziel der Pilger sind bis heute die vier Hauptreliquien der Aachener Marienkirche: das Kleid, das Maria in der Geburtsnacht des Jesuskindes trug, das erste Gewand Jesu – die sogenannten Windeln –, das Lendentuch Christi und das Enthauptungstuch Johannes des Täufers.

Die Aachener Schreine

Aufbewahrt werden die Reliquien seit 1238 im Marienschrein, der in der Nachfolge des 1215 vollendeten Karlsschreins entstand. Beide Schreine gehören zu den bedeutendsten monumentalen Arbeiten der rheinischen Goldschmiedekunst des Mittelalters und erinnern heute an die jahrhundertelange Wallfahrtstradition in Aachen. Aus Anlass der Aachener Heiligtumsfahrt wird der Marienschrein auch heute noch alle sieben Jahre geöffnet, um die Reliquien für mehrere Tage außerhalb des Schreines zu präsentieren.

Ausbau zur Pilgerkirche

Um den Pilgerscharen gerecht zu werden, erfolgten im Laufe des 14. und 15. Jahrhunderts wesentliche Veränderungen an der Marienkirche, die in einer eindrucksvollen Weise erweitert wurde.
Mit der Fertigstellung des gotischen Chores 1414 wurden die kostbaren Schätze der Kirche, die im Karls- und Marienschrein bewahrten Reliquien, in den neuen Chor überführt. Er dient ihnen bis heute als würdige äußere Hülle, als gläserner Schrein, den das Licht Gottes erfüllt.

Grundlegend für die Konzeption des Chores war die Idee des Himmlischen Jerusalems, jener Stadt, die Johannes in der Offenbarung beschreibt. Von Engeln getragen, mit den Aposteln, mit Maria und Karl dem Großen als Fundamente, schwebt die Himmlische Stadt herab auf die Erde.

30 Öffnung des Karlsschreins und Entnahme der Reliquien zur Heiligtumsfahrt 2007.

31 Die Weisung der vier großen Heiligtümer von den Turmkapellen und der Brücke zum Oktogon war über viele Jahrhunderte ein beliebtes Bildmotiv, das den Pilgern als Andenken diente. [Stich: Abraham Hogenberg, 1632].

BASILICA DIVÆ VIRGINIS MATRIS DEI MARIÆ AQVISGRAN A CAROLO MAGNO EX
STRVCTA CVM SEPTEMNALI S.S. RELIQVIARVM OSTENSIONE
Vnser L. Frauwen Kirch zu Aach vom Kaiser CAROLO MAGNO erbawt vnd gestifft sampt der siebeniarigen Heilig
tumbsfart warhaffte Abbilltung

Die gotische Chorhalle

Den augenfälligsten Eingriff in die Architektur aus der Zeit Karls des Großen stellt die Errichtung des neuen Chores dar, dessen Grundriss aus den Maßen des Oktogons entwickelt ist. Ganz den Prinzipien der Gotik folgend, zeichnet sich der neue Chorraum durch seine filigrane Wandstruktur aus.

Über einem niedrigen Sockel werden die schlanken Pfeiler auf eine Höhe von über 30 m geführt, gliedern die aufgelöste Wand und führen als Rippengerüst zu den Schlusssteinen des Gewölbes. Zwischen ihnen spannen sich mehr als tausend Quadratmeter bleiverglaste Fensterbahnen.

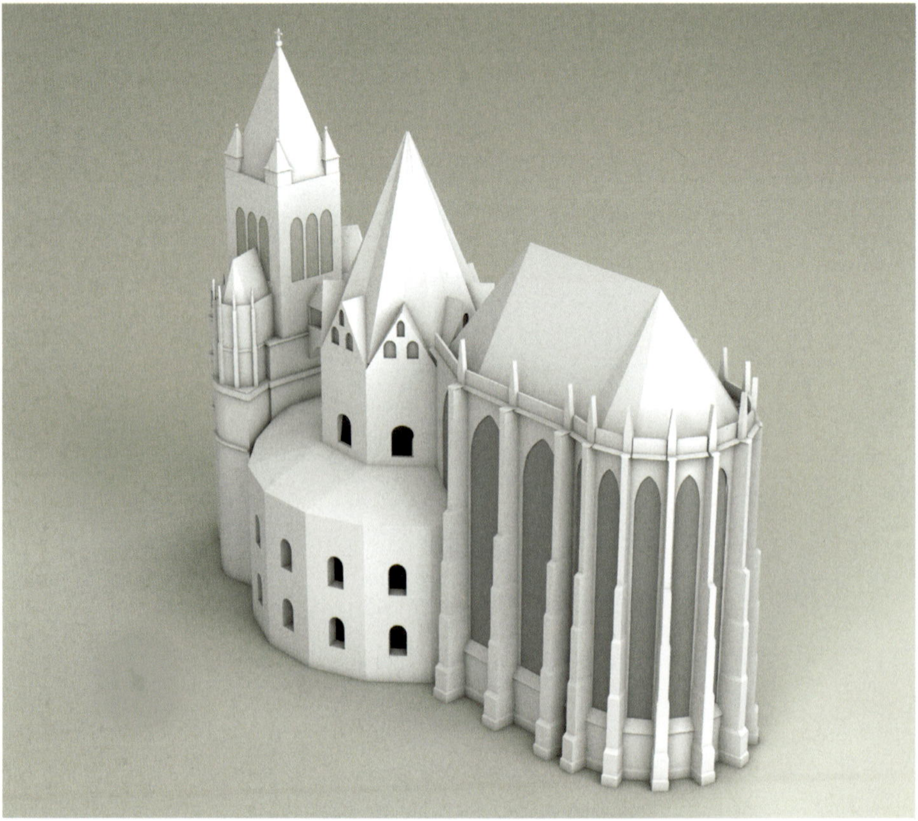

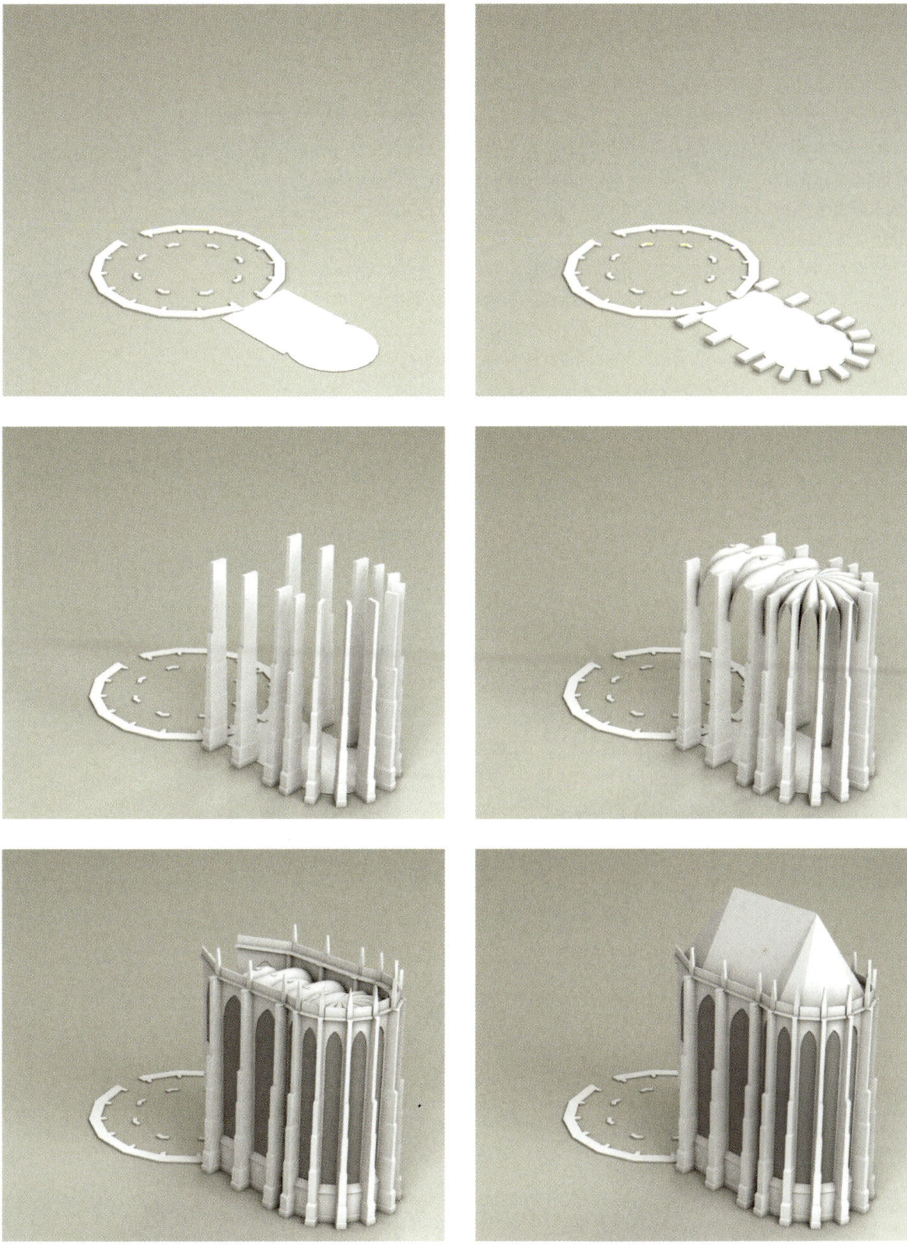

Der gotische Kapellenkranz

Das Außenbild der Kirche veränderte sich aber nicht nur durch den neuen Chor. Schon früher, im 13. Jahrhundert, wurde dem Oktogon ein kronenartiges Zeltdach mit Giebelkranz aufgesetzt. Der Westbau erhielt einen Turm mit Galeriegeschoss für die Zeigung der Reliquien aus großer Höhe.

Zudem wurden Kapellen wie ein Kranz um das Oktogon herum gelegt, die die Zweigeschossigkeit des Umgangs aufgreifen. Den schweren Mauern des Karolingerbaus sind nun leichte, lichtdurchflutete Räume angefügt, die einem neuen theologischen und ästhetischen Denken baulichen Ausdruck verleihen.

Zeitgleich mit dem Bau der Chorhalle erfolgte die Errichtung der Matthiaskapelle an der Südseite der Münsterkirche. Die nach Westen hin anschließende Annakapelle (vor 1449) wurde zunächst als Friedhofskapelle genutzt. Für die zahlreichen Pilger aus seinem Land ließ der ungarische König Ludwig I. einen Kapellenraum am Aachener Münster errichten. Die 1367 fertiggestellte Ungarnkapelle wurde 1756–1767 durch den heute noch erhaltenen barocken Kapellenbau ersetzt.

An der Nordseite des Domes schließen sich mit der Karls- und Hubertuskapelle (1455–1474) und der als Begräbnisstätte für die Stiftsgeistlichkeit genutzten Nikolauskapelle (vor 1487) zwei weitere gotische Sakralräume an.

39, 40 Ab dem 14. Jahrhundert wird der karolingische Zentralbau mit einem Kapellenkranz umbaut, der allerdings im Laufe der Jahrhunderte nicht vollständig geschlossen wird.

41 (folgende Doppelseite) Die gläserne Chorhalle umfängt bis heute eindrucksvoll den Karlsschrein und verleiht ihm eine lichtglänzende Aura.

Verfall und Wiederherstellung

1656 A.D.

Der große Stadtbrand von 1656

Auf die glanzvolle Epoche der Gotik folgt eine Zeit des Niedergangs. Kriege und Bürgeraufstände im Gefolge der Reformation schwächen Stadt und Stift, die Verlegung der Königskrönungen nach Frankfurt markiert darüber hinaus den Bedeutungsverlust Aachens.

Hinzu kommen äußere Katastrophen: 1656 werden im großen Stadtbrand vier Fünftel der Häuser und Kirchen Opfer der Flammen, und auch die Stiftskirche bleibt nicht verschont. Alle Dachstühle brennen, und der mächtige gotische Westturm wird schwer beschädigt.

42 Von dem verheerenden Stadtbrand im Jahr 1656 blieb auch die Aachener Stiftskirche nicht verschont.

Der Wiederaufbau

Die augenfälligste Veränderung des Außenbaus während des Wiederaufbaus betrifft die Dachgestaltung oberhalb des Oktogons. Anstelle des mittelalterlichen Zeltdachs tritt hier eine in zeitgenössisch-barocken Formen ausgeführte Haube. Größere Schäden im Bereich des Westturms werden nur notdürftig behoben.

Ganz anders verhält es sich mit dem Kircheninneren. Denn als Aachen im 18. Jahrhundert als internationaler Kur- und Badeort aufblüht, investiert das Stiftskapitel zunächst in die Innenausstattung: Ganz im Geschmack der Zeit geben italienische Künstler dem Bau eine qualitätvolle Stuckausstattung und Ausmalung.

43 In der Mitte des 19. Jahrhunderts waren die Schäden des großen Stadtbrandes, zu denen der Verlust des gotischen Turmhelms zählte, noch deutlich sichtbar. [Michael Neher: Südansicht des Aachener Domes 1853]

44 Während die äußere Wiederherstellung des Kirchenbaus auf sich warten ließ, erhielt der Innenraum eine aufwändige barocke Stuckverzierung. [Nicolas Chapuy: Blick ins Oktogon um 1845]

Die Kirche als Ort nationaler Identität

1790 A.D.

Die Französische Zeit

1793 besetzt die Französische Revolutionsarmee die Stadt. In der Folgezeit nimmt die Marienkirche nicht unbedeutenden Schaden. So wird der in der Zeit Karls des Großen im Hochmünster installierte Säulenschmuck ausgebrochen und in den Pariser Louvre überführt. Um die geforderten Subventionszahlungen an die französische Verwaltung zu leisten, ließ das Stiftskapitel die Bleidächer der Kirche abdecken, um das Material als Sachspende zu übergeben.

45 1804 besuchte Napoleon, der Karl den Großen sehr verehrte, die Stadt Aachen. Hierbei stattete er der Stiftskirche einen Besuch ab. [Henri-Paul Motte: Napoleon am Thron Karls des Großen 1798]

46 Französische Kunstkommissäre ließen die antiken Säulen des Hochmünsters entfernen, um sie nach Paris zu überführen. [Stich von H. Sattler, 1837]

Aachen nach dem Wiener Kongress

Kirchenrechtlich erfährt die Stiftskirche unter Napoleon eine Aufwertung, denn Aachen wird 1803 zum ersten Mal zum Bischofssitz erhoben. Doch folgt auf die politische Neuordnung Europas im Wiener Kongress für Aachen auch die kirchliche: 1821 wird das Bistum Aachen wieder aufgehoben, aus der Kathedrale wird wieder das Münster. In Aachen herrschen nun die Preußen.

Die antiken Säulen kehren 1815 aus Paris zurück, und mit ihrer Wiederaufstellung im Hochmünster ab 1842 setzen umfassende Restaurierungsarbeiten ein, die der Aachener Marienkirche noch heute ihr Gesicht geben.

47 Von 1804 bis 1809 amtierte Marc Antoine Berdolet als erster Bischof im neugegründeten Bistum Aachen. [Gemälde von Peter Scheuren, 1807]

Restaurierung und Neugestaltung

Da die barocke Innendekoration mittlerweile als altmodisch und der Grabeskirche Karls des Großen als unwürdig galt, wurde die Stuckausstattung komplett herausgeschlagen. Das damit ebenfalls verbundene Ziel, Spuren der mittelalterlichen, vielleicht sogar karolingischen Dekoration freizulegen, erfüllte sich nicht.

Nach einer jahrzehntelang geführten Diskussion kam die heute noch erhaltene neobyzantinische Ausstattung mit Marmor- und Mosaikarbeiten zur Ausführung.

Im Außenbau werden die karolingischen und gotischen Fenstereinfassung und Maßwerke rekonstruiert und das karolingische Mauerwerk sichtbar gemacht; zudem wird wieder ein Turm über dem Westbau errichtet.

48 Nach der Entfernung der barocken Stuckdekoration blieb der Innenraum des karolingischen Baus lange Zeit steinsichtig.

49 Die heutige Marmor- und Mosaikausstattung in der karolingischen Kirche entstand zwischen 1880/81 und 1902–1913.

50 Der Dom zur Zeit seiner Regotisierung um 1880.

Bischofskirche

1930 A.D.

Vom Münster zur Kathedralkirche

Mit der Gründung des zweiten Bistums Aachen im Jahr 1930 erhält die Marienkirche ihre Funktion als Bischofssitz, die sie bis heute inne hat. Diese erneute Erhebung zur Kathedralkirche zieht keine wesentlichen baulichen Veränderungen an der Marienkirche nach sich, zumal die umfassende Instandsetzung des Innen- und Außenbaus erst 1913 zum Abschluss gekommen war.

51 Wie hier bei der Heiligtumsfahrt 1958, besteht im neugegründeten Bistum Aachen die jahrhundertealte Tradition der Wallfahrt mit Reliquienzeigung fort.

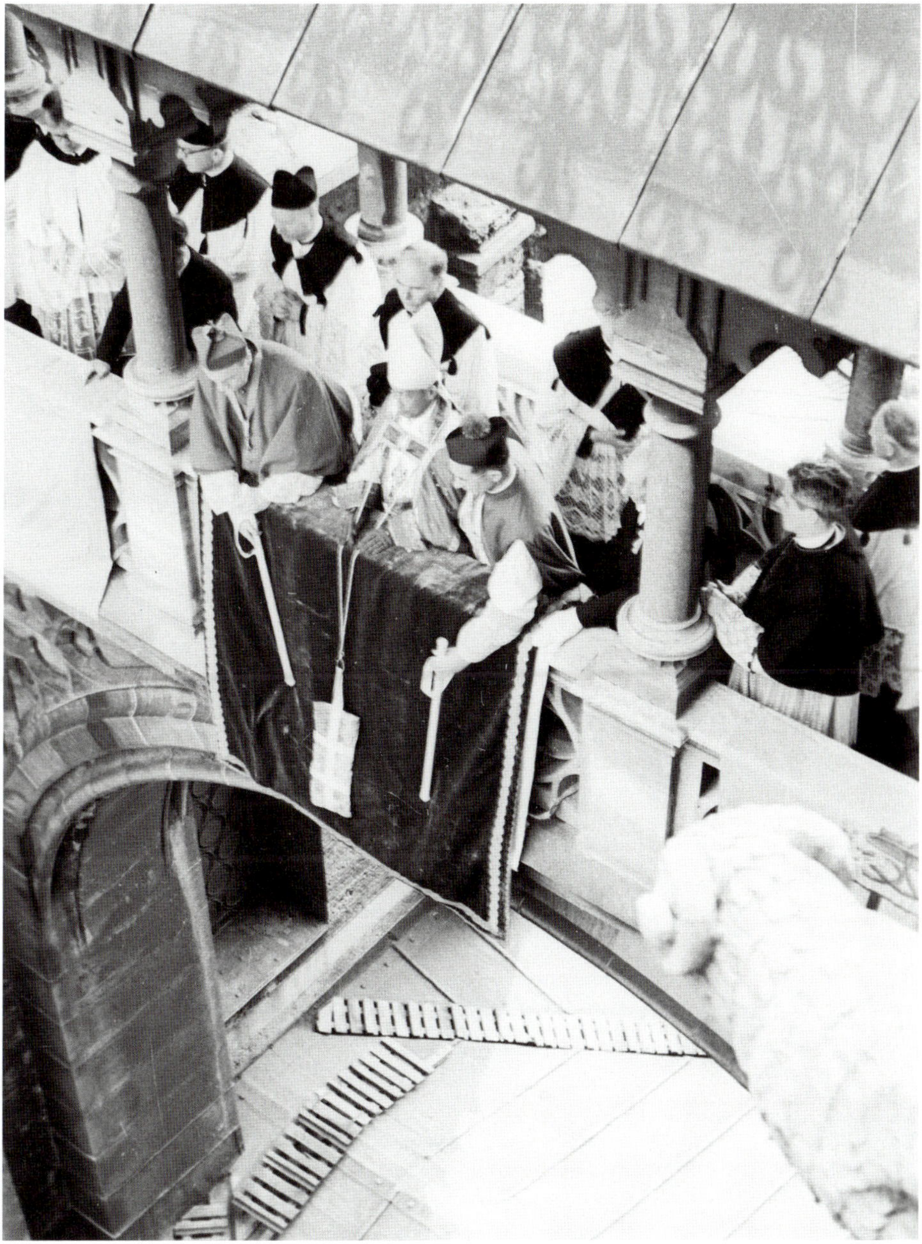

Schäden durch den Zweiten Weltkrieg

Handlungsbedarf bestand nach dem Zweiten Weltkrieg. Zwar wurde der Kirchenbau im Vergleich zur Aachener Innenstadt nur geringfügig beschädigt, doch waren Reparaturen an den Chorgewölben und am Westturm nötig. Den bedeutendsten Eingriff stellte die Neuverglasung der Chorhalle zwischen 1948 und 1951 im Stile zeitgenössischer und mittelalterlicher Formgebung dar.

52 Während des Zweiten Weltkrieges wurden zahlreiche Bauten in der Aachener Innenstadt – darunter auch der Kreuzgang des Domes – schwer beschädigt.

UNESCO Welterbestätte

1978 A.D.

Kulturdenkmal von Weltrang

Die außerordentliche Bedeutung des Aachener Doms als Stiftskirche Karls des Großen, Krönungsort der mittelalterlichen Könige, Wallfahrtsstätte und Bischofssitz zeigt sich darin, dass die Domkirche im Jahre 1978 als erstes deutsches Bauwerk in die Liste des UNESCO-Welterbes aufgenommen wurde. Damit ist eine stete Verpflichtung zur Erhaltung und Erforschung des Bauwerks verbunden, der sich das Stiftskapitel und der Karlsverein-Dombauverein in besonderer Weise stellen.

Ein überragendes Hauptwerk der karolingischen Architektur, ein Erinnerungsort der europäischen Geschichte, Kulturdenkmal und Wallfahrtsort von europäischem Rang, Zentrum des Bistums und Ort der lebendigen Kirche öffnet Ihnen die Tore. – Treten Sie ein!

Literatur zum Aachener Dom

Karl Faymonville: *Der Dom zu Aachen und seine liturgische Ausstattung vom 9. bis 20. Jahrhundert.* München 1909.

Karl Faymonville: *Das Münster zu Aachen.* Düsseldorf 1916 (= Die Kunstdenkmäler der Rheinprovinz 10, Die Kunstdenkmäler der Stadt Aachen, I. Bd.).

Ernst Günter Grimme: *Der Dom zu Aachen. Architektur und Ausstattung.* Aachen 1994.

Ulricke Heckner (Hg.): *Die karolingische Pfalzkapelle in Aachen. Material, Bautechnik, Restaurierung.* Worms 2012 (= Arbeitsheft der rheinischen Denkmalpflege 78).

Hans-Peter Hilger: *Der Skulpturenzyklus im Chor des Aachener Domes / Ein Beitrag zur Kunstgeschichte des Rhein-Maas-Gebietes.* Essen 1961.

Walter Maas: *Der Aachener Dom.* Regensburg 2012.

Udo Mainzer (Hg.): *Die gotische Chorhalle des Aachener Domes und ihre Ausstattung. Baugeschichte – Bauforschung – Sanierung.* Petersberg 2002 (= Arbeitsheft der rheinischen Denkmalpflege 58).

Hans Müllejans (Hg.): *Karl der Große und sein Schrein in Aachen.* Mönchengladbach 1988.

Harald Müller, Clemens M. M. Bayer, Max Kerner: *Die Aachener Marienkirche. Aspekte ihrer Archäologie und frühen Geschichte.* Regensburg 2014.

Ulrike Wehling: *Die Mosaiken im Aachener Münster und ihre Vorstufen.* Köln 1995 (= Arbeitsheft der rheinischen Denkmalpflege 46).

Klaus Winands: *Zur Geschichte und Architektur des Chores und der Kapellenbauten des Aachener Münsters.* Recklinghausen 1989.